BIOGRAPHIE FANTAISISTE

DE

M. Adhémard LESFARGUES-LAGRANGE

auteur de

NOS MÉDECINS BORDELAIS

par

LE CHEVALIER DE L'INCONNU

Introïbo.. ad Eum qui lætificat juventutem meam.

« Je m'approcherai.. de celui qui « remplit mon âme d'une joie toujours « nouvelle. »

(Paroissien romain). Édition de Châtillon-sur-Seine.

Prix 75 centimes

BORDEAUX

Alexis COLIN, Libraire-Éditeur,
10, allées Damour, 10
1878

BIOGRAPHIE FANTAISISTE

DE

M. Adhémard LESFARGUES-LAGRANGE

auteur de

NOS MÉDECINS BORDELAIS

par

LE CHEVALIER DE L'INCONNU

Introibot.. ad Eum qui lætificat juventutem meam.

« Je m'approcherai.. de celui qu
« remplit mon âme d'une joie toujours
« nouvelle. »

(Paroissien romain). Édition de Châtillon-sur-Seine.

Prix 75 centimes

BORDEAUX

Alexis COLIN, Libraire-Éditeur,
10, allées Damour, 10
1878

VESTIBULE

Toute publication, si minuscule qu'elle soit, se donné le luxe d'un *Avant-Propos*, d'un *Avertissement*, d'une *Introduction*, d'une *Préface*, etc.

Comme fantaisiste, j'ai choisi le mot *Vestibule*. J'avais pensé, pendant quelques instants, à celui d'*Introït*, qui s'harmonise si bien avec le *Introibo*, pris pour épigraphe : « Je m'approcherai.... de celui qui remplit mon âme d'une joie toujours nouvelle. » (Traduction faite à Châtillon-sur-Seine.) Si mon confrère en fantaisie littéraire a un bon caractère, comme je l'espère, malgré son allure tapageuse, bonne pour la galerie, il partagera la joie exprimée par le psalmiste, en voyant sa photographie, et en lisant sa biographie. Je lui laisse d'ailleurs la parole pour faire connaître au public quelles circonstances et quels incidents ont amené cette pnblication. Voici, en effet, ce qu'on lit, dans une partie de la préface de la deuxième série de *Nos Médecins Bordelais*.

. . . .

« Comme bouquet, on fait miroiter à l'horizon la
» menace de publier ma charge ou ma biographie,
» en disant que le médecin français est né malin,
» surtout quand c'est sur les bords de la Garonne ! »

» Il y en a de malins, c'est vrai, mais il y en a d'au-
» tres qui sont loin de l'être.

» A quand ma biographie, docteur à l'humeur
» bilieuse et vagabonde? Faites-la donc; je l'attends
» avec impatience; je vous appartiens comme publi-
» ciste; vous pouvez aller de l'avant; mais vous
» signerez, je l'espère — ce serait honnête, —
» et je vous promets que la vôtre, qui sera l'objet
» d'une attention spéciale, suivra de près...

» Mais vous ne ferez rien, parce que vous savez
» que vous trouveriez votre maître sur ce terrain.
» En effet, chez certains écrivassiers, le sel attique
» est tout bonnement de la vulgaire poudre de
» gingembre, et le fouet d'Archiloque qu'ils préten-
» dent tenir en main est aussi inoffensif que la
» quenouille de la grand'mère à Turcaret!

» J'ai dit... et j'attends!

» Sur ce, Monsieur le Directeur, veuillez excuser
» la longueur de ma lettre et croire à ma considé-
» ration distinguée.

» Signé : Adh. LESFARGUES-LAGRANGE. »

» Et voilà où nous en sommes! J'attends toujours
ma biographie. Je me demande comment des gens
qui ne me connaissent pas — leurs agissements en
sont la preuve — pourront mettre à exécution leur
prétendue menace. Je ne compte en fait d'ennemis
que de véritables imbéciles, des idiots les plus
réussis. Est-ce auprès de ces mammifères qu'on ira
butiner pour obtenir des renseignements détaillés?
Quant à mes amis, qui sont pleins d'esprit, ils sont

tout disposés à jouer un tour au fureteur qui s'adresserait à eux. »

. . . .

» Au moment où j'allais donner le *bon à tirer* de la deuxième série des *Médecins bordelais*, j'ai reçu, entre autres communications, un manuscrit assez volumineux qui n'est autre chose que ma biographie.

» L'auteur est-il médecin? C'est ce que je suppose.

» Quel est-il? Ici je donne ma langue au chat.

» En fait de docteurs, il n'y a à Bordeaux que M. Betbeder capable de tracer sur le papier une cursive semblable à celle qui figure sur les pages jetées nuitamment dans ma boîte aux lettres par une main quelconque.

» Donc il est évident que le manuscrit arrivé à mon adresse est la copie d'un original mystérieux.

» Je ne veux pas user du droit qui appartient à tout le monde, de considérer comme non avenue une communication non signée; je veux, au contraire, faire acte d'opportunisme et me montrer plein d'égards vis-à-vis d'un inconnu et d'une situation.

» Il n'y a pas de règle sans exception.

» Quel que soit l'auteur de l'œuvre que j'ai reçue, je le félicite sur sa manière d'écrire et sur la façon dont il a su s'employer pour avoir des renseignements. J'ignore s'il est né sur les bords de la Garonne, mais à coup sûr il est malin.

» A ce compte, puis-je lui demander pourquoi il s'aventure si tardivement à me demander l'inser-

tion dans la présente série du portrait qui me con-
cerne?

« Je n'ai nullement l'intention, dit-il, page 7, de
» piquer votre épiderme, qui me paraît assez épais;
» ni d'écorcher votre chair, qui s'est engraissée
» depuis vos fameuses fatigues militaires; ni d'en-
» lever aucun morceau à votre constitution, devenue
» plus robuste dans les douceurs de la paix. Je ne
» sais vraiment pas si je réussirai à vous photo-
» graphier dans de pareilles conditions de ménage-
» ment; mais, quel que soit dans votre appréciation
» le degré d'exactitude du portrait que je vais
» tenter, je vous somme, *au nom du libéralisme*
» que vous invoquez à tout instant, de l'insérer
» dans votre prochaine galerie. »

» Ici je vais répondre sérieusement à mon corres-
pondant : De même que la liberté est voisine de la
licence, le libéralisme est voisin de l'idiotisme. Je
n'ai envie de cultiver ni l'une ni l'autre de ces
extrémités.

» Au-dessus du prétendu libéralisme, il y a la
raison et le bon sens.

» Autant que je le jugerai utile, je ne me gênerai
pas pour me défendre dans mes brochures contre
des accusations malveillantes — c'est ce que je
fais, du reste, dans la présente série; — mais
jamais je ne consentirai à insérer, sauf cas de force
majeure, des lignes qui jureraient doublement tant
au point de vue de ma dignité propre qu'à celui
des égards que je dois au public.

» J'engage donc l'écrivain original et humoristique

— « qui veut imiter ou chercher à imiter ma « manière d'écrire » et qui ne prétend pas avoir « mon expérience qui grandit tous les jours, » — à faire imprimer à part l'œuvre qu'il a cru devoir m'adresser sous enveloppe. Je lui appartiens comme écrivain, et je lui reconnais des aptitudes qui sont loin de courir les rues.

» Je veux toutefois l'avertir qu'il doit songer à modérer sa plume quand elle entre dans la vie privée. On peut toucher là-dedans, mais il faut savoir le faire autrement qu'à la légère. Il faut savoir aussi discerner et toujours éviter de prendre « un chat pour un lièvre et un merle pour une grive ». Le superficiel est toujours un mauvais jalon.

» Que le photographe-écrivain y prenne garde ! Quiconque a souci de sa dignité personnelle ne peut manquer de posséder l'esprit de famille. Ces deux terrains sont limitrophes. Qui touche au dernier frise le premier. C'est dire assez clairement à qui de droit que les phrases trop hasardées seront l'objet d'une attention spéciale.

» On verra, on pèsera ultérieurement, et on n'aura pas besoin d'assembler tout un régiment de collègues pour savoir s'il y a lieu ou non de demander une réparation par les armes.

» Une conscience sans peur et sans reproche a qualité pour se prononcer instantanément.

» Il existe de par la ville deux amis qui n'attendent qu'un signal pour entrer en campagne, et il y a non loin du château de Haut-Brion une place désignée par la nature pour servir à certains exploits !

» Un médecin ou un écrivain de moins dans le monde n'aurait point pour effet d'enrayer la marche des saisons en général et celle de la bêtise humaine en particulier. »

Faisons encore un pas dans le Vestibule, avant d'entrer sérieusement dans la Maison, ce pas, c'est la lettre suivante.

A M. Adhémard LESFARGUES-LAGRANGE

Monsieur,

Après une série assez étendue de publications de diverse nature, vous vous êtes donné la fantaisie de vous occuper de nos Médecins, et vous avez entrepris d'en faire le portrait.

Lorsque la ville de Bordeaux se réveilla, un beau matin, en possession de votre première série, il y eut, dans ses murs, une véritable émotion. Pour un groupe de la profession mise en jeu, cette publication fut un vrai scandale; pour un autre, elle ne fut qu'une œuvre purement plaisante; et, enfin, pour le public en bloc, elle ne fit qu'exciter sa curiosité. Que dit-on de mon médecin?

Supposez, Monsieur, que j'appartienne bien plus au second qu'au premier groupe, et veuillez écouter ce que je vais avoir l'honneur de vous dire, en mettant de votre part autant de tolérance que, de mon côté, je mettrai de modération, ou de désir d'être modéré, tout en cherchant la vérité avec franchise.

En face des quelques récriminations provoquées, vous avez cru devoir insérer, dans la préface de votre deuxième série, un plaidoyer en règle, pour réclamer, presque au nom des principes de 89, le droit de traiter les médecins non autrement que les individualités de votre ruche politique, le droit de les étaler en scène, sans mettre de masque sur leur visage, sans poser d'autres limites à votre plume que les limites de la diffamation ou de l'injure grave, au point de vue judiciaire. Plus audacieux que Molière, vous livrez au public tout ce qui personnifie vos personnages : noms, prénoms, défauts physiques ou moraux, faiblesses ou ridi-cules, degré de science (du moins dans votre appréciation), faisant par ci, faisant par là des allu-sions, soit à des actes de la vie privée, soit à des actes de la vie professionnelle, allusions transpa-rentes pour les uns, opaques pour les autres, mais excitant ces derniers à demander des explications aux plus clairvoyants.

Je laisse à la loyauté et au bon sens du tribunal public le soin de juger, pour chaque cas en particulier, là où il y a esprit ou abus de l'esprit ; là où il y a vrai portrait ou véritable charge, enfin, là où il y a droit ou abus du droit.

Le public médical, après avoir lu votre première série, a éprouvé un premier étonnement. Comment avez-vous pu moissonner les matériaux nécessaires à votre œuvre, vous qui vivez, en apparence du moins, si loin du milieu où les personnes et les actions médicales peuvent être connues et appré-ciées avec exactitude.

Ce premier étonnement a néanmoins beaucoup diminué, à mesure que chacun a pu réfléchir et a pu donner son idée. Vos indiscrétions, vos confidences, peut-être plus sages qu'imprudentes, chez vos libraires, auprès de vos parents inquiets de cette situation, auprès de vos camarades d'atelier, font universellement admettre aujourd'hui que votre fournisseur de matériaux se nomme *Légion;* qu'il habite notre ville, comme ailleurs; qu'il appartient à la corporation médicale, comme aux corporations limitrophes, au monde des clients, comme à celui des désintéressés; que cette *Légion* doit être fille directe de celle qui mit clandestinement au monde, en 1848, *la Foire aux idées,* de si joyeuse mémoire. Ainsi, vos indiscrétions, ou vos simples cancans, ou vos appréciations, doivent avoir des origines diverses, suivant l'esprit ou la disposition d'esprit de chaque fournisseur bénévole, spontané ou provoqué.

Mais vous devez rire, en dedans, de ma tentative de vouloir, à toute force, pénétrer dans votre labyrinthe, et surtout de vouloir m'y promener sûrement, sans le moindre fil conducteur.

Pourtant, je vous assure que j'ai une grande confiance dans l'analyse des faits combinée à la logique des idées, pour me guider dans l'investigation de cette inconnue algébrique.

Il doit vous tarder, sans doute, de connaître autre chose que le premier étonnement dont je viens de vous parler. Il en est, en effet, un second; le voici : c'est que personne, ni parmi les offensés ou les soi-disant offensés, ni parmi ceux qui peuvent craindre de l'être plus tard, n'ait eu encore l'énergie de répondre à la plume par la plume, en s'occupant de votre personnalité, selon votre méthode toute originale.

Sans avoir aucune des prétentions ou des qualités qui paraissent vous caractériser, la fantaisie épineuse m'est venue, à moi aussi, de vous photographier, en imitant ou en cherchant à imiter votre manière d'écrire. C'est un badinage pour lequel je n'ai pas votre expérience, qui grandit tous les jours; mais enfin, plus indulgent que le Balthazar de la *Favorite,* vous ne serez pas trop sévère pour un novice qui s'enflamme subitement à la vue d'une inconnue.

Je n'ai nullement l'intention d'enlever aucun morceau, à votre constitution devenue plus robuste, dans les douceurs de la paix, ni d'écorcher votre chair bien nourrie, pas même de piquer votre épiderme. Vu ma répugnance pour les échos malséants qu'on jette avec méchanceté, dans le public, et vu surtout les explications très-nettes, à mon avis, du moins fournies par vous, je me garderai bien de faire aucune allusion aux cancans des jeunes docteurs, vos vieux compagnons d'armes à l'armée de la Loire.

Je ne sais si je réussirai à vous photographier dans de pareilles conditions de loyauté et de ménagement. Mais quel que soit, dans votre appréciation, le degré de ressemblance du portrait que je vais tenter, je vous ai cru obligé, au nom du libéralisme que vous invoquez, à tout instant, de l'insérer dans votre deuxième galerie.

Je vous dirai, avant de commencer que, pour avoir des renseignements sur votre personne, j'ai suivi votre méthode; j'ai interrogé tous les échos où votre voix, et votre nom ont retenti; j'ai lu vos petits volumes de toute couleur, dans lesquels j'ai compris la grande portée de la sentence : *le style, c'est l'homme.*

Enfin je vous entends me dire : Quel est donc votre nom, Chevalier à la visière baissée, qui entrez avec moi en champ clos, sans y être provoqué personnellement, Don Quichotte de la Gascogne, qui prenez en main la défense d'une Dulcinée bordelaise que je n'ai pas voulu insulter, que je respecte même, malgré mes apparences ou mes velléités de badinage d'esprit, et de sans façon avec elle?

Je répondrai : ma visière se lèvera lorsqu'il en sera temps; pour le moment, je désire rester *Le Chevalier de l'Inconnu.*

AUX MÉDECINS BORDELAIS

Je chante le héros dont le nom tout récent,
Parmi vous, retentit, acerbe ou caressant,
Enfant de la Dordogne, à la truffe odorante,
A Bordeaux il porta son ardeur dévorante.
Mais sur vous, Praticiens, lançant ses meilleurs traits
Aux yeux de vos clients, il traça vos portraits,
Indiscret et bavard, racontant mille choses,
En y mêlant parfois des piquants et des roses.
C'est votre tour de rire, médecins Bordelais,
Jeunes vieux, petits, grands, gracieux, ou bien laids,
L'auteur périgourdin, au genre humoristique,
Qui déversa sur vous sa verve et sa critique,
Va paraître tel quel à toute la cité,
En subissant le joug de la publicité.

Un fantaisiste Adhémardoïde.

ENTRONS EN LICE

M. Adhémard Lesfargues-Lagrange est né à quelques kilomètres de Hautefaye (Dordogne). Cette contrée est-elle, en outre, célèbre comme *truffogène?* Je n'en sais rien. Mais tout le monde sait qu'elle est, de plus, fameuse par le massacre de l'infortuné Alain de Moneys, accusé, en 1870, par de stupides paysans, d'avoir appelé les Prussiens en France, pour renverser leur Empereur. Le surnom de Lagrange a été ajouté au nom patronymique des Lesfargues, pour établir une distinction entre les membres de la famille. C'est une propriété qui a servi de point de départ à cette juxtaposition nominale si utile pour les Montmorency. Que d'individus, regrettant de ne pas descendre des *croisés*, se seraient donné, en cette circonstance, le faste de la particule territoriale? Mais démocratie oblige.

Laissons notre héros passer une enfance obscure, auprès de ses compatriotes périgourdins. — Les historiographes de l'avenir iront peut-être, un jour, recueillir, auprès des vieillards, des détails négligés, à tort par ma plume; mais je ne veux m'occuper surtout que de l'homme mûr.

J'ai, aujourd'hui, en face de mon crayon humoristique un grand gaillard qui paraît avoir trente-cinq à trente-six ans, célibataire sans enfants, sauf erreur de ma part, puisque la recherche de la paternité est interdite aussi bien aux biographes qu'aux simples particuliers.

Mon Périgourdin est plutôt gras que maigre, plutôt roux que blond, à face plutôt plate et ronde que saillante et allongée, à taille plutôt rectangulaire que svelte, à extérieur plus commun que distingué, portant chevelure courte et favoris écourtés, soit parce que la nature refuse prématurément de les lui allonger, soit, parce que les ciseaux de l'artiste Figaro les arrêtent, de temps en temps, dans leur allongement languissant. Son dos paraît un peu voûté, ses abattis supérieurs (comme disent les marchandes de volailles) s'agitent toujours, et en tous sens, ainsi que ses yeux et ses muscles faciaux; la volubilité de sa langue est permanente, mais parfois entravée par une espèce de bégaiement dû, en grande partie, à l'embarras qu'il éprouve, pour régler la sortie des idées, voulant s'échapper toutes ensemble de leur usine cérébrale.

Outre le tic facial, il y a dans l'ensemble de sa personne une succession presque non interrompue de gestes convulsifs, qui ferait admettre une colère permanente, contre le monde en général, et même contre son tailleur en particulier, car ses boutons et ses bretelles paraissent constamment le gêner.

Est-il bien élégant, bien pommadé, bien frisé, bien ganté, les jours fériés? Non. Mais cette absence de culture extérieure est méritoire par le temps qui court. Un ouvrier typographe ne peut raisonnablement dépenser sa modeste journée, en pures futilités de toilette. Flattés d'être les utiles collaborateurs des écrivains, les compositeurs en imprimerie doivent cultiver leur esprit plus que leur corps, pour être en état de corriger les fautes d'orthographe, de grammaire, de style, les erreurs de géographie et d'histoire qui fourmillent, assez souvent, dans des manuscrits presque illisibles.

J'ai donné le lieu d'origine de mon héros, sans détails sur sa famille. Ici je touche un côté délicat, pour lequel mon *Homme Public* demande, exige même, de la part de son partenaire dans ce jeu badin, une grande réserve, et cela malgré le libéralisme dont il a usé, souvent, à l'égard de ceux qu'il a voulu *croquer*.

Je comprends ses craintes, et même ses scrupules. Ses parents et alliés attirent, politiquement, industriellement et socialement, les regards curieux d'un public de toute catégorie et de toute nuance, non-seulement dans nos murs, mais encore bien au delà. Que M. Adhémard soit sans crainte. J'ai la conviction sincère que je reste dans les limites de la convenance la plus stricte. — Je dirai donc, en me servant d'une de ses expressions, qu'il appartient, par *le bout des femmes*, à la dynastie des Lavertujon-Gounouilhou; qu'il figure, sur les ramuscules de l'arbre généalogique de cette double et honorable famille, laquelle paraît avoir secoué la poussière périgourdine de ses sandales, pour venir construire une forte citadelle au sein de la société bordelaise.

En parcourant cet arbre généalogique, on voit

que l'enfant des environs de Hautefaye est énormé-
ment riche en oncles et tantes, en cousins et
cousines, en neveux et nièces à toutes les modes,
le tout d'origine périgo-bordelaise.

Si mon ouvrier-littérateur avait la passion de visi-
ter fréquemment chacun de ses parents ou alliés, il
n'y suffirait certainement pas; aussi pour ne pas
exciter de jalousie, sans doute, et aussi pour ne
pas perdre un temps précieux réclamé par ses
travaux littéraires, il ne se prodigue pas dans les
événements joyeux ou tristes de la famille. On a
beau s'y marier, s'y baptiser, s'y enterrer souvent il est ailleurs. « Je n'assiste pas au mariage
de tout le monde», répondait-il à un futur cousin
l'invitant à sa noce. » Cela soit dit, non pour
accuser son cœur, qui est un cœur d'or, mais pour
accentuer ici son originalité et son amour de la
solitude. Il est donc bien plus Adhémard
Lesfargues que Gounouilhou ou Lavertujon ou
Lagrange. Il vit dans un petit nid de la rue
Servandoni. Là, avec le mérite d'une rosière de la
Brède, il se retire, toutes les douze heures, après sa
laborieuse journée, pour y écrire le soir, et pour y
dormir la nuit. Il a pour seuls compagnons du
foyer domestique son encrier et sa plume, son
papier et ses petits volumes, fruit de ses amours
légitimes, qu'il signe, à l'encontre de Giboyer, qui
ne signait ni ses œuvres ni son fils.

Lorsque j'ai dit que mon Eugène de Mirecourt
était célibataire sans enfants, je ne pensais pas à
Épaminondas qui, célibataire lui aussi, déclarait

laisser, après sa mort, deux filles immortelles, les victoires de Leuctres et de Mantinée. En usant de la même idée, le biographe bordelais pourrait se flatter de laisser une plus nombreuse postérité.

L'activité dévorante de notre double travailleur, sa fécondité d'écrivain, qui ne se donne presque pas de repos, entre les divers accouchements de ses œuvres, viennent d'une grande passion pour la notoriété ; il lui en faut à tout prix, *n'en fût-il plus au monde*, comme on chante dans la *Belle Hélène*, au sujet de l'amour. Il y aurait aussi, dit-on, au haut du mât de cocagne, un autre stimulant, une véritable timbale d'argent dont la vue fait vibrer, chez celui que j'ai qualifié le solitaire de la rue Servandoni, la fibre sentimentale de la famille, mais sans frais de déplacement. En effet, un excellent oncle (section du Périgord) est plongé dans le ravissement, chaque fois qu'il lui arrive un nouveau trophée du champ de bataille où guerroie l'ancien échappé de collége. Ne serait-ce pas le cas, pour le neveu, de dire au frère de son père ou de sa mère, je ne suis pas bien fixé, comme il le fait dire à un de ses médecins : « Es-tu content, mon colonel? »…. Il est si doux d'être l'oncle d'un neveu qui fait son chemin dans la carrière… des lettres, aussi bien comme écrivain que comme typographe.

Après avoir donné le jour à divers opuscules, il s'en occupe avec une tendresse vraiment paternelle. Loin d'imiter le philosophe Rousseau confiant ses rejetons à la charité publique, il porte lui-même les siens chez les libraires ;

puis il va s'informer, fréquemment et anxieuse-
ment, de leur destinée et de leur succès moral ; car
ce sont plutôt des lecteurs, que des acheteurs qu'il
ambitionne pour ses brochures bien-aimées.

J'ai dit que l'écrivain fantaisiste vivait dans une
certaine solitude, je dois ajouter qu'il y écrit dans
un certain mystère, et que des nuages épais
l'entourent, au milieu de son travail. Quel est le
camarade, quel est l'ami, quel est surtout le
parent qui soit initié à ses projets d'auteur? Aucun,
absolument aucun. Sa bombe, son pétard, sa fusée,
éclatent au milieu de l'inattendu. Avant, pendant
et après l'explosion de son œuvre pyrotechnique, il
ne prononce aucun mot sur ses matières premières,
ni aucun nom sur les personnes qui les lui ont
fournies par contrebande, ou par imprudence, ou
par irréflexion, ou par tout autre mobile, le lecteur
restant libre de deviner ou de soupçonner le vrai,
suivant son degré d'initiation aux chroniques
médicales de la cité.

Il puise ses renseignements, n'importe à quelle
source ; il les contrôle, n'importe auprès de qui ;
il en prend la responsabilité morale et légale,
n'importe le risque ; il va même, dit-on, sous un
prétexte quelconque, auprès des individus, pour
les *saisir*.

Qu'un magistrat, requis *officieusement*, l'interroge,
qu'un parent sollicité par des relations amicales
le sonde, ils ne trouvent en lui que la *Statue du
Silence*. Le médecin en chef des *Sourdes-Muettes*,
fût-il appuyé de son adjoint, serait plus heureux,

dans ses efforts scientifiques, pour faire parler ses infortunées clientes.

Si vous avez bien remarqué le portrait physique que je lui ai attribué, vous pourriez reconnaître l'auteur, entrant, chaque soir, chez ses libraires ; puis, sortant, soucieux ou joyeux, suivant la marée des nouvelles recueillies sur le débit de la journée. Mais je m'aperçois que vous riez, lecteur sans entrailles. Allons; tant que vous ne serez pas générateur, ne raillez pas le bon roy Henry jouant, à colin-maillard avec ses enfants.

Les efforts de toute une puissante famille, pour caser, d'une manière digne d'elle, le neveu-cousin, ont rencontré, dit-on, une résistance de bronze.

En effet, notre héros se croit né beaucoup plus pour la polémique frondeuse et agressive, que pour toute autre chose. Un joug quelconque lui serait intolérable, et une influence, quelle qu'elle soit, ne pourrait modifier sa manière de penser, de parler, d'écrire et d'agir. Lorsqu'il voit un chat dans un lièvre, un merle dans une grive, du plaqué dans un relief précieux, un idiot dans un candidat acclamé, un ambitieux dans un politique populaire, tous les parents consanguins ou alliés, proches ou éloignés, du compartiment girondin ou du compartiment périgourdin, aidés de leurs collatéraux à tous les degrés, ne sauraient, et ne pourraient lui faire voir autre chose.

L'indépendance des États-Unis pâlirait auprès de la sienne. C'est elle, sans doute, qui explique ce fait étrange, être ouvrier-neveu du plus important imprimeur de notre ville, et faire imprimer ses ouvrages dans une autre maison.

Il m'a été dit, par quelqu'un bien autorisé, que sa famille avait destiné le jeune Adhémard à la carrière des armes. La fugue du collège détruisit son plan et son espoir. L'imprimerie de l'oncle recueillit alors l'écolier insoumis. Mais la manipulation des caractères typographiques ne modifia pas le sien. Le naturel chassé ne revient-il pas au galop?

Les loisirs de l'apprenti, puis de l'ouvrier, se tournèrent vers la caricature entremêlée de tentatives littéraires. Il voulait croquer, il a croqué, et, *mordicus*, il croquera toujours. Pourquoi M. Gilbert Martin ne l'a-t-il pas déniché pour son *Don Quichotte?*

Revenu, après quelques années d'absence, au foyer domestique, il se livra, en toute liberté, à des goûts retardataires pour la littérature, prose et vers, qu'il envoyait par-ci, qu'il envoyait par-là, à des journaux, arrosant aussi de ses sueurs, parfois le sol comme agriculteur, parfois les forêts comme chasseur.

Pour ne pas faire de politique, je ne parlerai pas de sa vie électorale, ni des dangers qu'il courut, comme adversaire de l'empire, où il faillit être victime dans un second drame, paraît-il, qui pouvait devenir aussi sanglant que celui de l'infortuné de Moneys.

Enfin, vers la fin de 1870, le Périgord nous rendit l'enfant prodigue, pour ne plus nous le reprendre; espérons-le du moins.

Après sa campagne du Mans, comme capitaine des mobilisés de la Gironde, campagne sur laquelle il donne lui-même quelques notes, à la suite de sa deuxième série de *Nos Médecins Bordelais*, il revint, par la force...... des choses et des événements, à la typographie, où je l'ai pris, et où je le tiens, sous ma plume vengeresse, et pas trop impitoyable. Qu'en pensez-vous, lecteurs?

Mais quel est le degré véritable d'instruction en littérature, et en autres choses, de cet ouvrier-auteur, auquel la publication de *Nos Médecins Bordelais* vient de donner une notoriété que ses autres opuscules ne lui avaient acquise qu'à moitié ?

Ceux qui veulent être fixés radicalement sur la réponse à la question que je pose, peuvent consulter ses œuvres. Son instruction a été véritablement tronquée, scolairement parlant.

Autant que possible, je veux photographier mon objectif avec des écrits et des actes personnels, à défaut de rayons solaires.

Lisez ce que mon héros dit lui-même de ses études classiques : « Si je n'avais pas fui le collége pour rompre avec le latin, qui avait rendu fou un de mes condisciples, devenu plus tard maire de son village, etc. » Voilà l'opinion que notre littérateur, indépendant en toute chose, formule sur la langue de Cicéron et de Virgile. Le latin peut rendre fou, et le fou peut devenir quand même maire de son village. Qu'en pensent nos ministres de l'Instruction publique, d'abord, et de l'Intérieur, ensuite?

N'y a-t-il pas, dans cette double affirmation, une double calomnie justiciable de la police correctionnelle? Pourtant on ne peut refuser à cet ennemi du latin des idées en littérature, en histoire, peut-être même en philosophie, idées qu'il a dû recueillir, à bâton rompu, qu'il a dû s'assimiler par des lectures et des études étrangères à l'enseignement classique. Il a de l'entrain, des qualités personnelles dans les idées, dans les expressions, dans le style, mais aussi, le tout mêlé à des inégalités flagrantes, à un désordre, à un négligé, à des écarts qui dénotent un vice originel. Puisque M. Adhémard a été agriculteur, il connaît tous les inconvénients d'une végétation abandonnée à elle-même, pour la bonne qualité des produits. Lorsqu'on a eu l'imprudence d'abandonner trop tôt les maîtres, il est bien difficile de se former soi-même d'une manière complète. Avouons néanmoins que notre enfant de la nature, au point de vue littéraire, pourrait être encore plus inférieur, et reconnaissons les qualités qui lui appartiennent en propre. S'il cherche toujours la petite bête, dans les individualités dont il s'occupe, il néglige rarement de leur reconnaître ce qu'elles peuvent avoir de bon. Il a donc le droit d'exiger la réciprocité.

Le poète périgourdin, aime à communiquer aux amis une lettre élogieuse qui lui a été adressée, dans le temps, par un autre poète, membre éminent de notre Académie locale et de notre clergé. Il aurait donc été amant sérieux des muses, pour le fond et pour la forme, je l'en félicite. Mais je ne puis laisser passer certaines prétentions inexcusables, dans des choses qu'il ignore, ou qu'il ne connaît qu'à moitié. Il se lance, en effet, jusqu'à la témérité, dans les sciences médicales de tout ordre, discutant les questions les plus ardues, critiquant les personnes les plus compétentes. Aussi ferait-il bien de rogner ses ailes qui le portent trop haut. Proudhon, ouvrier typographe lui aussi, vit ses premiers volumes relégués dans le grenier de son imprimeur qu'il ne pouvait payer. Qui sait, si l'avenir ne nous ménage pas une surprise analogue? Tout est possible chez un orignal; je fais donc de sages réserves.

Puisque j'ai prononcé le mot *original*, je dois, et je vais le justifier.

Ce qui paraît dominer chez l'ermite de la rue Servandoni, c'est la recherche de l'esprit caricaturiste et de la photographie morale. Il ne lui répugnerait pas de croire, et de dire, qu'il est supérieur au soleil, pour réussir un portrait à la minute. Cette prétention de pouvoir juger un homme, à première vue, sur un simple détail, à la seule manière dont il porte son parapluie, l'expose à beaucoup de mécomptes.

A la suite de conversations que j'ai eues avec des personnes qui le touchent, ou qui l'ont touché de près, après la lecture des opuscules qu'il a publiés, je me suis fait une certaine appréciation sur son caractère. Il aime à manier la plume, plus qu'à juxtaposer des caractères typographiques, à faire imprimer ses œuvres, plus qu'à imprimer celles des autres ; il lâcherait volontiers, s'il le pouvait jamais, l'atelier pour le cabinet, le métier pour la fronde, pour l'agression, pour la critique tapageuse et batailleuse, pour la littérature militante, surtout satirique. — Verser de l'absinthe dans le verre de quiconque, non par esprit de méchanceté, mais par esprit de gaieté, de taquinerie, peut-être aussi par conviction qu'il redresse un tort, quel bonheur pour lui ! Ce bonheur, qui se lit sur sa physionomie, se prolonge probablement jusque dans son sommeil. On doit l'entendre furetant ses journaux, sa correspondance, ses notes, pour saisir le journaliste, le clubiste, le médecin et pour trouver ce qu'il appelle à chaque instant, le sel attique, le sel gaulois. Appuyé sur l'autorité de Buffon, je vais prouver ou chercher à prouver, par le style, l'originalité de notre Périgourdin *burdigalisé*.

Quel est, en effet, le lecteur qui n'a pas remarqué l'étrangeté des titres que M. Adhémard donne aux œuvres qu'il a déjà publiées. *La Lune Rousse; Les Cuisiniers Politique?* De plus il annonce pour un avenir peu éloigné, *un grand ouvrage. Le Pot de Chambre*, titre qui ne doit pas effrayer l'odorat des médecins, dans le cas où l'ouvrage traiterait des matières que sa dénomination semble comporter. Mais ne soulevons pas prématurément le couvercle de ce récipient nocturne ; ne parlons pas d'un embryon, de peur de faire intervenir ici la fable de la montagne en travail et laissons de côté le chasseur qui vend la peau de l'ours avant de

l'avoir tué. Occupons-nous uniquement et surtout présentement, du caractère original de M. Adhémard. Est-il possible, physiologiquement parlant, qu'un littérateur habillant sa littérature d'une manière aussi excentrique, ne soit pas lui-même excentrique dans son caractère et dans ses actes?
— Il est une loi qui s'impose : l'action appelle la réaction, l'offensive appelle la défensive, l'annexion forcée appelle la résistance. Notre auteur polémiste et satirique est donc exposé aux flèches, et aux balles. Comment en accepte-t-il les blessures?

Si Monthyon avait fondé un prix de patience, quoique écrivain moraliste, M. Adhémard n'en serait jamais proclamé lauréat. S'il aime à piquer, il n'aime pas à être piqué. Au premier moment, il écraserait la mouche qui touche son épiderme. Néanmoins, malgré son exhubérance méridionale de vivacité, il est, au fond, beaucoup plus mouton que tigre, et ses tendances à la Cassagnac n'ont jamais été illustrées par quelque affaire retentissante que je connaisse.

Écoutez l'historiette suivante :

Un certain docteur l'ayant un peu malmené, dans une lettre, pour un motif qui ne m'a pas paru bien clair, en reçut aussitôt une réponse, dans laquelle il était menacé tout simplement d'un coup de révolver. Il est inutile d'ajouter que le docteur vit encore, et nullement blessé, quoiqu'il traverse fréquemment l'atelier où travaille son ennemi intime et public.

Deuxième historiette ou cancan :

A la suite de l'apparition de la première série de *Nos Médecins Bordelais*, le même docteur, si antipathique à l'auteur humoristique, avait, dit-on, préparé une réplique assez verte, pour venger des amis ou des protecteurs un peu ridiculisés, réplique qu'un journal de médecine devait publier. La chose fut connue dans l'atelier, et la réplique n'a pas encore paru. Sans doute, l'accord a dû se faire comme la suite des conférences de Berlin.

La galerie doit regretter cette pacification mystérieuse.

Le biographe bordelais a dû être grandement flatté du succès de la première fournée des portraits médicaux. Mais ne doit-il pas surtout ce succès, à la colère démesurée que certaines personnes ont montrée ou simulée? Pour protester contre une de ses tendances on a été jusqu'à parodier les fameuses paroles dites au fier Sicambre, au moment de son baptême. Je pense qu'on excusera l'expression de parodier, vu le défaut absolu d'analogie entre les intentions de l'évêque gallo-romain, et celles de l'écrivain des bords de la Garonne, vivant en l'an de grâce 1878. Risquer, au péril de... son repos, d'abaisser, avec plus ou moins d'esprit, une ou deux individualités hors du commun, réputées puissantes, pour en exalter, avec plus ou moins d'équité et d'opportunité, quelques autres, réputées faibles ou méconnues, est-ce une action suffisante, pour se plaindre d'une manière aussi solennelle, et surtout, au nom de toute une corporation? On doit se souvenir que les sommets sont plus exposés que les plaines aux caprices de l'électricité atmosphérique, et qu'en outre les valeurs réelles et bien fondées offrent une résistance de granit à l'ongle qui les égratigue.

Notre ouvrier-écrivain excite donc la curiosité générale. A-t-il un collaborateur? A-t-il des collaborateurs? Réponse impossible, à tout jamais, de sa part, à moins que, la collaboration existant réellement, l'auteur n'oublie, à un moment donné, le souci de sa dignité et de son honneur, l'un et l'autre étant doublement engagés dans la question du silence.

Je ne veux pas abandonner le portrait moral que je viens d'essayer, sans dire quelques mots de la deuxième série de *Nos Médecins Bordelais*.

Tout le monde parle, public médical et publie ordinaire, de la différence qui existe entre cette série et la précédente. Dans la première, répète-t-on de tous côtés, on voit des portraits assez réussis. Au milieu de quelques charges, de quelques plaisanteries de mauvais goût, de quelques trivalités, il y a du sel, du piquant, quelquefois de la bonne satire quelques bonnes vérités, quelques allusions croustillantes, un petit brin de scandale légalement mitigé, quelques tirades, fort justes et nullement contestées, sur les coteries, le népotisme et le protectorat à outrance qui s'emparent des postes officiels et des réputations pour les distribuer à leur gré.

Tout autre est la deuxième série. Les Athéniens de Bordeaux n'y trouvent que des Aristide, et pas le moindre Alcibiade, ou le moindre bon vivant. Chacun y est vertueux et savant. Le double public a presque l'air de se plaindre du ton modéré et flatteur, inauguré par le critique ; ou, au moins, il semble déçu, dans l'espérance qu'il avait été autorisé à concevoir, de rire encore un peu aux dépens de quelques individualités bien saisies !

La préface, en tête du dernier volume, vigoureuse en prétentions et en promesses, ne s'harmonise donc pas avec la nuance nouvelle que l'auteur a donnée à son œuvre.

Trois explications sont en présence.

Ou bien l'imprimeur a refusé de suivre le biographe fantaisiste dans la première voie ; ou bien celui-ci a redouté certaines éventualités qu'on a fait miroiter à ses yeux ; ou bien, enfin, les collaborateurs, s'il en a eu réellement, lui ont fait défaut. On sait, en effet, que la jeunesse frondeuse des écoles est en vacances, depuis quelque temps.

Je ne me sens pas assez de pénétration pour choisir l'une ou l'autre de ces explications. Libre donc à chacun des lecteurs de prendre celle qu'il voudra, ou d'en chercher une quatrième, s'il est plus fin que moi pour la trouver.

Le Chevalier de l'Inconnu.

Imp. Durand, rue Vital-Carles, 24, Bordeaux.